Literacy Cornerstones

Level 2

The Francis-Campbell Approach

Resource Booklet

Rev. Dr. Natasha Francis-Campbell

Literacy Cornerstones Level 2: The Francis-Campbell Approach Resource Booklet

Published by Jabneh Publishing

Sterling

Grange Hill P.O.

Westmoreland

Jamaica

Telephone: 876 457 4005

Email: jabnehpublishing@gmail.com

Website: www.jabnehpublishing.com

ISBN 978-1-68604-426-7

For worldwide distribution

Printed in the United States of America

Table of Contents

Oo says /ŏ/ as in:

Consonant Blends

Alphabet and Picture Chart

Aa	Jj	Ss
Bb	Kk	Tt
Cc	Ll	Uu
Dd	Mm	Vv
Ee	Nn	Ww
Ff	Oo	Xx
Gg	Pp	Yy
Hh	Qq	Zz
Ii	Rr	

The Short Sound of each Vowel

Ăă   Ĕĕ   Ĭĭ   Ŏŏ   Ŭŭ

Say with me:

/Ă/ as in

/Ĕ/ as in

/Ĭ/ as in

/Ŏ/ as in

/Ŭ/ as in

The Vowel Aa

Aa says /ă/ as in:

A says /ă/

A says /ă/

Astronaut

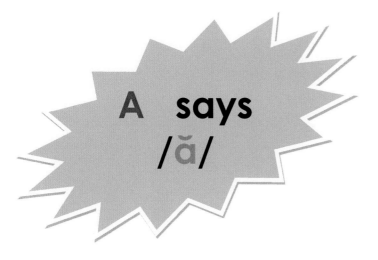

A says
/ă/

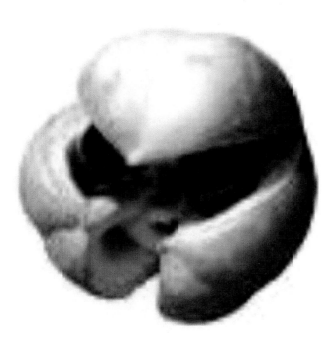

Ackee

A says /ă/

Apple

A says /ă/

Alligator

A says /ă/

Ant

A says /ă/

Axe

The Vowel Ee

Ee says /ĕ/ as in:

Ee says /ĕ/

Elephant

Ee says /ĕ/

Egg

The Vowel Ii

Ii says /ĭ/ as in:

Inchworm

Ii says
/ĭ/

Inks

Ii says
/ĭ/

Igloo

The Vowel Oo

Oo says /ŏ/ as in:

Oo says /ŏ /

Oo says
/ŏ /

Octopus

/ă/ Blends

Blending a consonant with /ă/ as in

/b/ → /ă/ = /bă/

/c/ → /ă/ = /că/

/r/ → /ă/ = /ră/

Read each blend.

bă	că	dă	fă	gă	hă
jă	kă	lă	mă	nă	pă
quă	ră	să	tă	vă	wă
		yă	ză		

/ĕ/ Blends

Blending a consonant with /ĕ/ as in:

/d/ → /ĕ/   =   /dĕ/

/g/ → /ĕ/   =   /gĕ/

/n/ → /ĕ/   =   /nĕ/

Read each blend.

bĕ	dĕ	fĕ	gĕ	hĕ	jĕ	kĕ
lĕ	mĕ	nĕ	pĕ	quĕ	rĕ	sĕ
tĕ	vĕ	wĕ	yĕ	zĕ		

/ĭ/ Blends

Blending a consonant with /ĭ/ as in:

$$/d/ \quad \rightarrow \quad /ĭ/ \quad = \quad /dĭ/$$

$$/p/ \quad \rightarrow \quad /ĭ/ \quad = \quad /pĭ/$$

$$/m/ \quad \rightarrow \quad /ĭ/ \quad = \quad /mĭ/$$

Touch and read each blend.

bĭ	zĭ	dĭ	fĭ	gĭ	hĭ
jĭ	kĭ	lĭ	mĭ	nĭ	pĭ
quĭ	rĭ	sĭ	tĭ	vĭ	wĭ
yĭ					

/ŏ/ Blends

Blending a consonant with /ŏ/ as in:

/g/ → / ŏ / = /gŏ /

/d/ → / ŏ / = /dŏ /

/j/ → / ŏ / = /jŏ /

Read each blend.

bŏ cŏ dŏ fŏ gŏ hŏ

jŏ kŏ lŏ mŏ nŏ pŏ

quŏ rŏ sŏ tŏ vŏ wŏ

yŏ zŏ

/ŭ/ Blends

Blending a consonant with /ŭ / as in:

/d/ → /ŭ/ = /dŭ/

/f/ → /ŭ/ = /fŭ/

/t/ → /ŭ/ = /tŭ/

Read each blend.

bŭ	cŭ	dŭ	fŭ	gŭ	hŭ
jŭ	kŭ	lŭ	mŭ	nŭ	pŭ
rŭ	sŭ	tŭ	vŭ	wŭ	yŭ	zŭ

Word List

Ăă   **as in**

Let us try.

/b/+/a/+/g/ = bag

/ba/+/g/   = bag

Underline each blend. Read each word.

<u>ba</u>g	<u>ba</u>n	bat	bad	cab	can
Cap	cat	fan	fat	gap	ham
hat	had	has	Jan	jam	lab
man	mat	Max	nag	pan	Pat
ran	ram	rag	rat	sat	Sam

Word List

Ĕ ĕ as in:

/b/ + /e/ + /d / = bed

/be/ + /d/ = bed

Underline each blend. **Read** each word.

<u>be</u>d beg bell Ben bet den

fed <u>ge</u>t hem hen jet let

leg men met mess net pen

pet set ten vet wet yet

zed

Word List

The vowel Ii says /ĭ/ as in:

Read each word.

bib	bid	bin	big	bill	pin	bit
dig	dill	dim	din	dip	fid	fig
fill	fin	fit	fix	gig	gill	hid
him	hip	hiss	kid	kill	kin	kiss
hit	jib	mid	kill	kin	kit	mix
lit	mill	miss	nip	nit	quid	quill
quip	quit	sib	sill	sin	sip	sit
till	tip	tin	tit	vim	wig	will
win	wit					

Word List

Ŏŏ says / ŏ/ as in:

Circle the two words your teacher calls in each row.

Bob	Bon	bog	boss	box	cob	cog
cop	cot	don	dog	doll	dot	gob
fog	God	hog	hob	hot	jog	log
lot	mob	Moll	mom	moss	nod	pop
pot	pod	rod	rob	Tom		

Word List

Ŭŭ as in:

Read each word.

Bun   but   cup   cut   dub   fun

gum   gut   gull   hull   hug   hut

Hum   jug   mug   nut   puff   pug

Pup   rut   rug   run   rub   tub

sup   sun   sum

Consonant Blends

The L Family

BL   CL   FL   GL   PL   SL

Read each blend with the short vowel sound.

bla	cla	fla	gla	pla	sla
ble	cle	fle	gle	ple	sle
bli	cli	fli	gli	pli	sli
blo	clo	flo	glo	plo	slo
blu	clu	flu	glu	plu	slu

Consonant Blends

The L Family Wordlist

bled	clef	fled	pled	sled	Glen
black	clap	flip	plan	slam	glad
bliss	clip	flint	slip	slim	glim
block	clock	flock	plod	slot	glot
bluff	club	flux	pluck	slug	glum
blend	bless	bled	blond	blog	blob
blast	bland	blank	clog	flag	flog

Consonant Blends

The R Family

BR	CR	DR	FR	GR	PR	TR

Read each blend with the short vowel sound.

bre	cre	dre	fre	gre	pre	tre
bra	cra	dra	fra	gra	pra	tra
bri	cri	dri	fri	gri	pri	tri
bro	cro	dro	fro	gro	pro	tro
bru	cru	dru	fru	gru	pru	tru

Consonant Blends

The R Family Wordlist

bred	Brent	Brad	brag	brim
brig	brunt	brux	brock	crept
cress	crab	cram	crib	crimp
crop	crust	dress	drum	fret
Fred	frank	frag	frill	frit
from	frog	frump	prep	press
pram	prat	prom	prod	trend
trap	tramp	trip	trim	trod
trot	truck	trump	Greg	gram
grip	grit	grim	grill	grunt

Consonant Blends

The S Family

SC	SK	SM	SN	SP	ST	SW

sca	sce	sci	sco	scu
ska	ske	ski	sko	sku
sma	sme	smi	smo	smu
sna	sne	sni	sno	snu
spa	spe	spi	spo	spu
sta	ste	sti	sto	stu
swa	swe	swi	swo	swu

Consonant Blends

The S Family Wordlist

scab	scan	scat	skin	spin	spun	spell
spill	spit	spent	speck	spend	spat	span
stump	stamp	stand	still	stem	step	Stef
skip	scum	skit	scuff	skill	skid	skunk
smell	snap	snip	smack	snack	stunt	swim
swam	swamp	swell	spin	spot	swum	stop

Made in the USA
Middletown, DE
04 September 2023

37392383R00022